Carl

CZERNY

FIVE FINGER STUDIES

Opus 777

FOR PIANO

K 03351

Kalmus

Übungen für die Noten: | Exercices sur les notes:

Carl Czerny, Op. 777.

Allegretto.

1.

Allegretto.

2.

BELWIN/MILLS PUBLISHING CORP.
c/o CPP/BELWIN, INC., Miami, Florida 33014

3.

4.

Allegro vivace.
5.
p
f
dimin.
p
cresc.
f

Allegro.
6.
p
f
p
f
p
cresc.
f

Allegretto.

7.

Allegretto.

8.

Allegro.
9.
p
cresc.
f
f
p
cresc.
f
Allegretto.
10.
f

Allegretto.
11.
p
p
cresc.
f
Allegro.
12.
p
cresc.
f
p
cresc.
f

1
2
3
4
5

Allegro.
13.
p
cresc.
f
p
cresc.
f

Allegretto.
14.
p
cresc.
f
p
cresc.
f
p
cresc.
f

Allegro.
15.
p dol.
Allegretto.
16.
p
cresc.
f
p
cresc.
p
cresc.
f

Allegro.

17.

Allegro.

18.

Allegretto moderato.

19.

Allegro.
20.
f
p
dim.
p cresc.
f
p
cresc.
f

21.

Allegro.

22.

Molto allegro.

23.

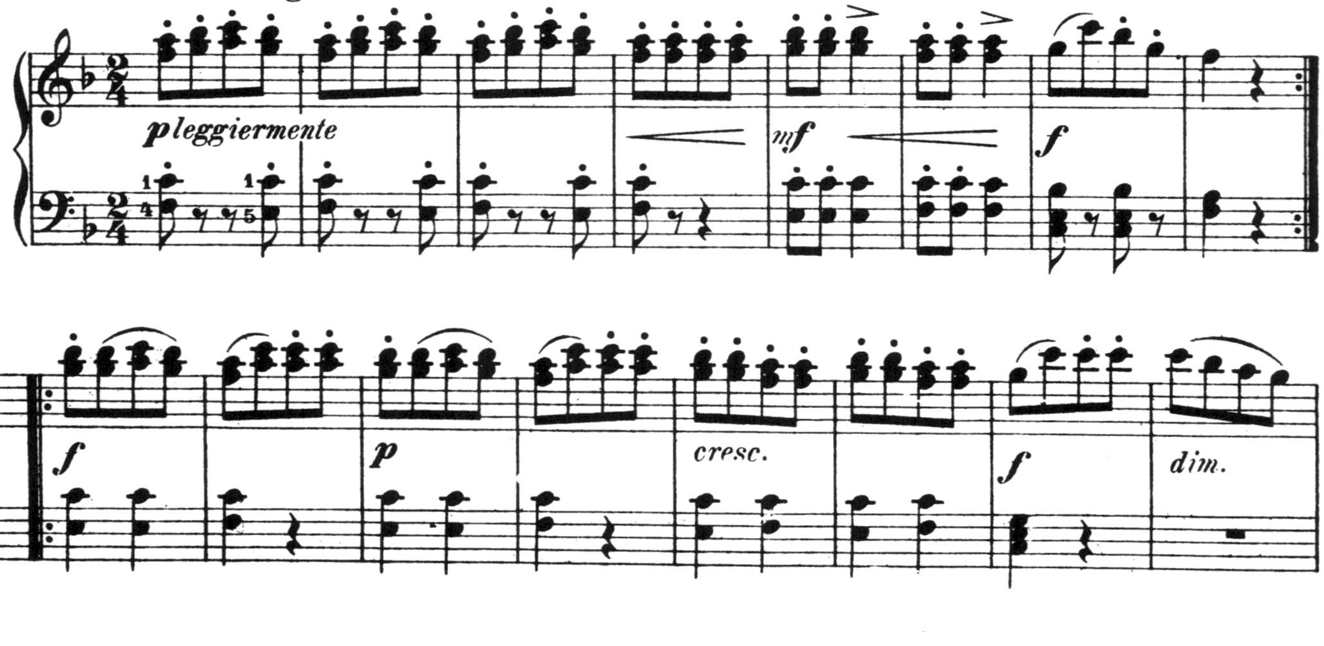

p
mf
f
Lento moderato.
24.
p
legato
sf
p
p
cresc.
Fine.

Kalmus